Peter Michel und Annette Wagner

Die Wiederverzauberung der Liebe

mit Bildern von IVOI

Peter Michel & Annette Wagner

Die Wiederverzauberung der LIEBE

über Zärtlichkeit und Schönheit
über Begegnung und Berührung

MIT BILDERN VON IVOI

Aquamarin Verlag

Impressum

Deutsche Originalausgabe
1. Auflage 2006

Voglherd 1 · D-85567 Grafing
www.aquamarin-verlag.de

Gestaltung: Annette Wagner und IVOI
ISBN 3-89427-317-8
gedruckt in Leipzig

Inhalt

„Ich bringe dem höchsten Gott
und der höchsten Göttin meine Verehrung dar,
den grenzenlosen, uranfänglichen Eltern des Universums.
Der Liebende ist aus unbegrenzter Liebe zur Geliebten geworden.
Beide bestehen aus derselben Substanz.
Beide teilen dasselbe Mahl.
Aus Liebe zueinander vereinigen sie sich,
und wieder trennen sie sich – aus schierer Freude, zwei zu sein.
Es ist Shiva allein, der in allen Formen lebt.
Er ist beides: das Weibliche und das Männliche.
Es ist wegen der Vereinigung dieser beiden Hälften,
dass das Universum existiert.
Zwei Instrumente – ein Ton.
Zwei Blüten – ein Duft.
Zwei Leuchten – ein Licht.
Zwei Lippen – ein Wort.
Zwei Augen – ein Blick.
Diese beiden – ein Universum."

Aus „Nektar der Selbst-Erfahrung" von Jnaneshvar Maharaj übersetzt von J. Reinelt

Du

Du, immer wieder du –
Ich könnte diese Silbe mit meinen Lippen schreiben,
Sie in die tonlose Nacht hinausflüstern,
Um den Sternen ein weiteres Licht hinzuzufügen.

Was wären wir ohne dieses DU,
Das uns einen Teil unseres eigenen Wesens offenbart,
Dem Geheimnis von Berührung und Verbundenheit,
Von Grenze und unendlicher Weite –
Näher bringt.

April 2001

Die drei Sternenvögel

Vor vielen Generationen, die alten Weisen sagen sogar, es sei zur Zeit der ersten Menschheit gewesen, trug sich die folgende Geschichte zu.

In einem wunderschönen Tal jenes Landes, das wir heute den Libanon nennen, lebte ein Mann namens Rabano. Er baute auf den Hängen der Hügel, die das Tal von zwei Seiten behüteten, überaus aromatische Trauben an, aus denen er einen schweren Wein kelterte, dem das Geheimnis innewohnte, in der Nacht süße Träume zu schenken.

Wenn er bis zu den Kammlagen seiner Weinberge hinaufstieg, konnte Rabano vom höchsten Hügel an einem klaren Tag im Westen das große Meer sehen.

Es war an einem warmen Sommerabend, als er unter einer mächtigen Zeder saß und in ihrem Schatten den zinnoberroten Schein der im Meer versinkenden Sonne betrachtete. Kaum ein Lufthauch störte die Abendstille, bis er plötzlich Flügelschlag vernahm. Es klang, als ob vom Meer her ein Vogel heranflog. Er beschattete mit der Hand seine Augen und blickte angestrengt in die tiefstehende Abendsonne.

Doch obwohl die Geräusche zunahmen und der große Vogel näher zu kommen schien, vermochte er ihn nicht zu erblicken.

Plötzlich aber zog ein Schatten vor die Sonne, und wie aus dem Nichts landete ein prächtig gefiederter Vogel vor Rabano. Hoch aufgerichtet, spannte er sein in

unvergleichlicher Farbenpracht funkelndes Federkleid wie ein himmlisches Mandala auf. Die letzten Sonnenstrahlen brachen sich im Glanz des Federrades, das wie ein kostbares Juwelengeschmeide glitzerte.

Sprachlos und verzückt angesichts der überirdischen Schönheit des Vogels, saß Rabano versunken im Anblick seines gefiederten Besuchers. Erst als die Sonne ganz ins Reich der Meeresgötter eingekehrt war und nur noch die dunkle Silhouette des wundervollen Wesens zu erkennen war, hob Rabano seinen Arm, um es zu berühren. Doch ehe die Hand ihn erreichte, schwang der Vogel sich mühelos empor und ließ sich auf Rabanos Schulter nieder. Im ersten Moment empfand er das Gewicht des großen Tieres, doch dann kam es ihm vor, als würde sein Körper nahezu schwerelos – und beschwingt stieg er mit dem Vogel hinab ins Tal.

In den nächsten Wochen und Monaten kamen immer mehr Menschen in sein Haus, um seinen ungewöhnlichen Besucher zu bewundern. Seine Frau und seine Kinder hatten alle Hände voll zu tun, um die vielen Gäste zu versorgen; und seine Weinvorräte waren schon bald aufgebraucht. Die gesamte Ernte der letzten drei Jahre war verkauft – der Vogel hatte Rabano und seiner Familie Glück und Wohlstand beschert. Doch nicht wegen dieser äußeren Wohltaten wurde der Vogel von allen geliebt. Es ging etwas von ihm aus, das die Herzen verwandelte.

So war ein Jahr ins Land gezogen, und wieder war es ein warmer Sommerabend, als Feathor, so hatte Rabano seinen wundervollen Vogel genannt, sich aufschwang, um jenem Hügel zuzuschweben, auf dem er vor einem Jahr angekommen war. Er

Okt. 2005

blickte Rabano an, so als wollte er ihn auffordern, ihm zu folgen. Daher legte dieser sein Werkzeug aus der Hand und stieg, den Vogel stets im Blick, den sanften Hügel hinauf.

Feuerrot funkelte die Abendsonne im Meer, als Feathor majestätisch über dem Tal in die Lüfte aufstieg. Rabano erschrak, denn die Befürchtung überkam ihn, Feathor könnte sie wieder verlassen. In diesem Augenblick wurde ihm bewusst, wie sehr er dieses Himmelswesen liebgewonnen hatte.

Seine Augen folgten ihm, wie er sich zum Firmament hinaufschwang, doch bald hatte er ihn in der heraufziehenden Dämmerung verloren. Nachdenklich saß er unter dem uralten Zedernbaum, als ein Klang ertönte. So zart, so überirdisch schön, dass ihm vor Glückseligkeit fast das Herz zu schlagen aufhörte. Noch ein Ton folgte, diesmal schon näher – und dann fügten sich die Töne zu einem einzigartigen Sphärenchoral. Tränen liefen über seine Wangen, so verzaubernd waren die himmlischen Klänge.

Dann, von einem Moment zum anderen, herrschte wieder Stille – und in diesem ehrfürchtigen Schweigen sanken plötzlich zwei Vögel neben der Zeder hernieder.

Der zweite Vogel besaß nicht die einzigartige Schönheit des ersten, doch sein Gesang entzückte alle Herzen. Wieder kamen die Menschen von weit her, um seinem Himmelsgesang zu lauschen. Viele wurden zutiefst berührt, und manches verhärtete Herz aufgebrochen. Selbst Kranke fanden auf wundersame Weise Heilung, indem sie nur still seinem Lied lauschten.

Sonatus, so nannte Rabano den zweiten Vogel, zog oft mit Feathor seine weiten Kreise über den Hügeln und Tälern, und die Menschen liebten und verehrten sie als Boten des Allerhöchsten. Auch Rabano, der als ihr irdischer Hüter galt, wurde Verehrung und Anerkennung zuteil. Manchmal arbeitete er still zwischen seinen Rebstöcken und fragte sich dann, womit er diesen Segen und diese Ehre verdient hatte, die ihm durch den Besuch der Vögel geschenkt geworden war. Er konnte keine Antwort finden, sondern nur voller Liebe zu Feathor und Sonatus aufschauen. Wie sehr waren sie ihm ans Herz gewachsen.

So war bald wieder ein Jahr voller wunderbarer Ereignisse ins Land gezogen – und der Sommer herrschte mit seiner glühenden Schönheit über das Land. Rabano verbrachte zahlreiche Abendstunden im Schatten der großen Zeder auf dem Hügel. Fast immer begleiteten ihn Feathor und Sonatus, und während der eine sein Feder-Mandala in der untergehenden Sonne funkeln ließ, sang der andere ständig neue Lieder, die alle Herzen berührten und selbst die Pflanzen im Tal zu noch üppigerem Wachstum anregten.

Rabano war inzwischen vertraut mit dem unverhofften Erscheinen seiner himmlischen Gäste, dass er nicht mehr erschrak, wenn sie plötzlich, ohne dass er vorher Flügelschlagen vernommen hatte, vor ihm auftauchten. So dauerte es auch eine Weile, ehe er im Zwielicht der Abenddämmerung bemerkte, dass diesmal ein weiterer Besucher hinzugekommen war.

Der dritte Vogel war erheblich kleiner als Feathor und Sonatus, und er wirkte neben den beiden Himmelsvögeln eher unscheinbar.

„Grüße aus dem Licht, lieber Rabano."

Rabano erschrak. Narrten ihn seine Sinne? Er hatte deutlich diese sechs Worte vernommen, aber außer ihm und den Vögeln war weit und breit keine Menschenseele zu erkennen.

„Sei unbesorgt, lieber Freund, ich spreche wahrhaftig deine Sprache und freue mich, dich kennenlernen zu dürfen. Meine beiden Brüder haben mir viel von dir erzählt."

Nachdem Rabano sich von seiner Verblüffung erholt hatte, wollte er von seinem Besucher zuerst einmal wissen, wieso er seine Sprache spreche.

„Wir kommen aus einer Sternenwelt, die fern von der Erde liegt. Es ist ein Reich, in dem alle Geschöpfe über ganz unterschiedliche Gaben verfügen. Feathor verkörpert die Schönheit, Sonatus offenbart die Harmonie, und ich erhielt die Gabe der Weisheit. Du magst mich daher Sophia nennen. Meine Begabung ist es, mit allen Wesen in allen Welten sprechen zu können."

„Warum seid ihr zu uns gekommen? Welche Aufgaben habt ihr auf dieser Erde zu erfüllen?", wollte Rabano von Sophia wissen.

Okt. 2005

„Wir Sternenvögel sind Geschöpfe der Liebe. Der Allgeist hat uns als seine Botschafter ausgesandt, um die Liebe in allen Wesen zu erwecken, in denen sie noch als Samenkorn ruht.

Drei Wege gibt es, um die Liebe zum Erblühen zu bringen. Auf unterschiedliche Weise verkörpert jeder von uns einen von ihnen, wie ich dir schon sagte – Feathor die Schönheit, Sonatus die Harmonie und ich die Weisheit.

Gedenke all der Menschen, die in diesem Tal vom Zauber der Liebe berührt worden sind, indem sie die Schönheit von Feathor verzückte oder das Lied von Sonatus in eine andere Welt versetzte. Ihre Gaben berührten in allen das Geheimnis der Liebe."

„Was hat es mit diesem ewigen Geheimnis auf sich?", wagte Rabano Sophia mit scheuer Stimme zu fragen.

„Kannst du wirklich beschreiben, was in deinem Herzen geschieht, wenn deine Augen dem Spiel von Feathors Federn folgen? Kannst du wirklich beschreiben, was in deinem Herzen geschieht, wenn deine Ohren dem Gesang von Sonatus lauschen?

Das wahre GEHEIMNIS ist unsagbar. Wenn die Liebe sich dem Verständnis des Menschen erschlösse, würden sie versuchen, sie nachzuahmen und so zu missbrauchen. Der Mensch vermag alles in sein Gegenteil zu verwandeln – nur die Liebe nicht. Auch kann nichts Irdisches in die Liebe verwandelt werden. Sie ist stets das ganz ANDERE. Doch wann immer du sie erfährst, weißt du, dass es die LIEBE ist. Betrachte dich selbst, wen von uns liebst du mehr?"

Rabano blickte erstaunt auf Sophia, und ihm wurde bewusst, dass er sich diese Frage weder gestellt hatte noch sie beantworten konnte.

„Siehst du, hier liegt die Antwort! Wahre Liebe vergleicht nicht. Wahre Liebe bewertet nicht. Wahre Liebe unterscheidet nicht. Wahre Liebe fragt nicht einmal nach sich selber – sie *ist* einfach nur.

Weil du jeden von uns wahrhaft liebst, kam dir nicht einmal der Gedanke, über die Gründe dafür nachzudenken.

Unser Geheimnis besteht nur darin, diese Liebe zu erwecken. Wo immer die wahre Liebe erwacht, zwischen den Menschen oder zwischen euch und den Sternenvögeln, wird das Geheimnis des Lebens offenbar."

Die Sonne war inzwischen ganz im Meer versunken, und Rabano blickte still auf seine drei himmlischen Besucher. Wie einen heiligen Dreiklang vernahm er in seinem Herzen das Geheimnis von Weisheit, Schönheit und Harmonie. Nie wieder würde ihm die Erkenntnis des großen Lebensgesetzes verlorengehen.

Während er noch mit geschlossenen Augen unter der alten Zeder verweilte, breiteten die drei Sternenvögel unhörbar ihre Schwingen aus und zogen weiter.

Rabano aber begann am nächsten Tag seinen Erdengeschwistern vom Mysterium der wahren Liebe zu berichten, wobei er niemals vergaß, was ihm Sophia als letzten Gruß zugeflüstert hatte, als er vom Zedernhügel hinab ins Tal gestiegen war: „Die größte Gefahr geht von jenen Menschen aus, die nur Antworten haben!"

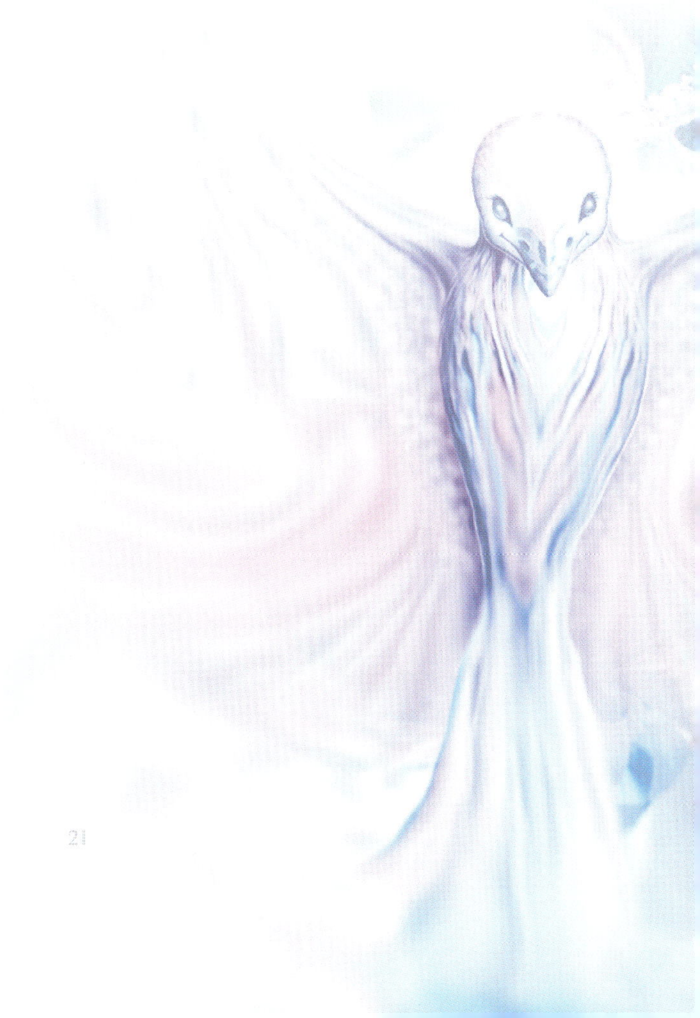

ivai

Das Geheimnis

Es gibt eine Stimme,
Die ruft uns das Vergessen in den Sinn,
Lässt Vergangenheit in den Wellen der Sphärenmeere aufsteigen.

Ein Tropfen davon berührt die Stirn.
Ein Tropfen davon kühlt das Sehnen,
Das nie erwarten kann,
Das in immerwährendem Fragen das Sein zu ergründen sucht.

Wer, wer bist du?

Wenn ich diesem Geheimnis die Farbhaftigkeit nehme,
Erkenne ich mich,
Fällt die Antwort schon heute,
Auf samenhaften Grund.

Bis alle Blüten treiben,
Ist die Frucht ein stiller, ferner Freund.

Atemlos

Ich verspürte die Worte auf den Lippen,
Die von Liebe zu flüstern versprachen –
Und dic Stille mahnte mich.

Du küsstest meinen Mund,
Und das Wehen deines Atems
Wollte die Liebe erhauchen.

Die Atemlosigkeit der Zeit erwirkte ein Ende.

Ich und Du

Eine Meditation über Martin Buber

„Alles wirkliche Leben ist Begegnung", schreibt Martin Buber in „Ich und Du". Zugleich macht er deutlich, dass in einer wahren Begegnung „Liebe geschieht". Niemand hat die Liebe in seinem Besitz, und so kann Liebe niemals zum Gegenstand werden. Sie ereignet sich „zwischen Ich und Du".

In der Entfaltung seines Denkens wird Liebe für Buber zum Synonym des Geistes, wenn er ausführt: „Geist ist nicht im Ich, sondern zwischen Ich und Du." Die wahre Begegnung, die wahrhafte Berührung in Liebe ist also eine Erfahrung des Geistes – eine Erfahrung des Göttlichen. Es ereignet sich in der wahren Begegnung etwas, was kein Ich jemals für sich allein verwirklichen könnte!

Denkt man diesen Gedanken für das Ich konsequent fort, so wird die Begegnung mit einem Du zur Erfahrung einer neuen Qualität des Göttlichen im eigenen Bewusstsein. Gott offenbart sich dem Ich in gewisser Weise durch die Berührung mit dem Du. Durch seine verborgene Anwesenheit in jedem Ich wird jede wahre Begegnung zur Gotteserfahrung – vielleicht zur einzig möglichen Gotteserfahrung?

Der Mensch kennt drei existenzielle Grunderfahrungen – Geburt, Sexualität und Tod. Geburt und Tod liegen nicht in seiner Macht; nur Sexualität, die selbst über die Schaffung neuen Lebens wieder mit Geburt und Tod verbunden ist, bleibt ihm als

einzige dieser drei Grunderfahrungen. Über sie kann er innerhalb seines Freiheits-Handlungsrahmens weitgehend eigenständig verfügen.

In der echten Hingabe, im Sich-Selbst-Verschenken einer wahrhaften sexuellen Vereinigung, kommt es zu einer einzigartigen Begegnung mit dem Göttlichen im Du *und* im Ich. Allerdings nur unter der Voraussetzung der Berührung in wirklicher innerer Wachheit. Mit den Worten der esoterischen Philosophie gesprochen, vollzieht sich eine wahre Begegnung zwischen Ich und Du nur dann, wenn sie über alle Chakras erfolgt. Ist dies der Fall, entzündet das Du im Ich und das Ich im Du ein göttliches Licht, das nur in der je einmaligen Begegnung zwischen diesem Ich und diesem Du im jeweils unwiederholbaren Augenblick erfolgen kann. Dies ist das wahre Mysterium von Sexualität; dies ist das wahre Mysterium der Begegnung zwischen Ich und Du; dies ist eines der Mysterien der Begegnung zwischen dem Ich und dem göttlichen Du.

Die Tragik dieses Mysteriums liegt in der Tatsache, dass Sexualität von Spiritualität getrennt wurde oder, esoterisch gedacht, die beiden unteren Chakras und die beiden oberen Chakras nicht gleichzeitig bewusst in die Begegnung zwischen Ich und Du eingebunden sind.

Aus diesem Grund entsteht so häufig das bedauerliche Missverständnis, dass der Besitz des Du, jenseits der sexuellen Berührung, Anlass für die Erfahrung der Glückseligkeit des Göttlichen ist. Das Du ist jedoch nicht der Gegenstand der Erfüllung, sondern der Schlüssel zum Geheimnis liegt in der Begegnung.

Wie Buber eindrücklich darlegt, kann man Liebe nicht haben, kann man Geist nicht haben – kann man Gott nicht haben. Sie geschehen. Sie geschehen, wenn man sich schenkt – in Hingabe, mit Bewusstsein und in Demut.

Da das Geschöpf nie eins mit dem Absoluten zu werden vermag, bleibt vielleicht in Ewigkeit nur das Geheimnis der Begegnung zwischen dem Ich und der unendlichen Zahl der Du, um die unerschöpfliche Fülle des Göttlichen zu erfahren.

Das Band

Wir haben ein Band geknüpft,
Damals –
Weißt du noch –
In der verdunkelten Erinnerung.

Ein Band, so zart, so seiden schimmernd,
So blau wie der Himmel.
Die Gewissheit ist in unsere Seele eingebrannt:
Nichts kann uns je entzweien.

Wir haben das Leben vergessen,
Es gibt so unendliche Prüfungen auf –
Werden wir diese bestehen?

Wir mühen uns,
Ungewiss ist das Ende,
Aber das Blau des Himmels,
Es wacht in Ewigkeit.

Die Mauer

Jede Mauer,
Welche die Hüter des Karma einst –
Aus Weisheit –
Errichteten,
Kann von den Tränen der Liebe zerweint werden.

Wie könnte sich der Segen der Engel
Dort verwehren,
Wo sie eingeladen sind,
Die Altäre der Herzen
Mit den Rosen der Hingabe zu schmücken.

Die Einsamkeit faltet den Schmerz auf die Haut
Sticht die Lanze in die gekreuzigte Menschlichkeit.
Doch jenseits des Kreuzes verkündet der Cherubim –
Die Auferstehung.

Und auch der Herr, der einst sprach: „Rühr mich nicht an!"
Legte später selbst die Hand in die Wunde.

Herzflüstern

Unseren Anfang haben wir im Lustfeiern genommen; wer konnte da ahnen, dass ein Seelenfeiern daraus werden würde. Vielleicht hätten wir diese zauberhaften Gespielinnen, die Undinen, besser im Auge behalten sollen?

Die Farben unseres Regenbogens, sie waren so zahlreich, haben uns zu einem eigenen Seelenflug eingeladen. Wir sind der Versuchung erlegen; jeder Blauton hat uns mit einem hingebungsvollen Miteinander beschenkt.

Ich werde nie bereuen, kann es einfach nicht, schon weil der Morgen nach dem Regen dich und mich wieder in seinen Armen halten wird. Das Herzflüstern, wer könnte es jemals zum Schweigen bringen.

Du hast meine Einsamkeit, meine gehütete Einsamkeit mit deinem Sein getröstet, als hättest du nie etwas anderes gelernt. Du hast geschenkt und nie erwartet.

Unsere Herzen werden nicht brechen, sie haben ja an Stärke gewonnen, sind gekräftigt und erzählen ihre Geschichten – sicher zur Freude der Undinen.

Das Heute begrüßt die Mutigen, die ihren Pflichten folgen. Wir werden keine Mühe scheuen und weiter darum ringen, dass die Liebe in der Welt um Freiheit und Achtung vor dem anderen fleht.

Irgendwann werden die Tränen einen neuen Fluss zum Ozean des Traumlandes in die Felsen schneiden. Erst im Verborgenen werden diese neuen Wesen, wie in alten Zeiten, den Duft der Blüten erahnen, das Land betreten und seine Vielfalt um eine neue, farbenprächtige Nuance bereichern.

Die Nacht der Tränen

Der größte Schmerz widerfährt dir dann,
Wenn du erleben musst,
Dass jene,
Die du zu Wächtern deiner Einsamkeit berufen hast,
Auf ihrem Wachtturm einschlafen –
Und den Feind ins Land lassen.

Zauberstunden

In allen Jahreszeiten gefärbt, erinnere ich mich an Zauberstunden. Ich nehme Abschied, ein ums andere Mal. Trage Bilder hinein in die Vergangenheitsbücher, wo sie wohlverwahrt ihren Platz finden werden. Die Seiten strahlen in ihren Farben einen Facettenreichtum aus, der mich noch ein letztes Mal mit dir die Regenbogenstufen hinauftanzen lässt. Es ist ein trauriger Tanz, trotz all der Seelenbilder, ein Abschiedstanz, der Wegverzweigungen ins Bild aufnimmt.

Ich möchte um dich trauern, ein wenig noch, so als hätte ich einen geliebten Menschen verloren, den ich aber im Inneren nie verlieren kann.

Ich lächele und weine, vertraue und zerbreche für Momente. Aber in meinem Herzen vertraue ich auf eine höhere Weisheit, die für Augenblicke noch im Dunkel verborgen liegt.

Wir hatten die Welt ausgesperrt, wollten uns nie mit ihr befassen, nun hat sie uns unvorbereitet angetroffen. Aber durften wir nicht mehr erleben, als den meisten Menschenwesen geschenkt ist?

Hinter den Schattenwolken des heutigen Tages erahnen wir die Sonne, die uns beiden einst wieder strahlen wird.

Die Wiederverzauberung der Liebe

Alle großen Religionsstifter stellten die Liebe in den Mittelpunkt ihrer Offenbarung – die Liebe zu Gott und die Liebe zum Nächsten. Dies ist selbst dem weltlichsten Menschen so vertraut, dass es in seiner scheinbaren Banalität fast nicht mehr als spirituelle Lehre empfunden wird.

Vielleicht verdient Paulus, auch wenn er später in seiner Frauenfeindlichkeit seine eigene Lehre verriet, doch noch ein wenig Beachtung. In einer Zeit, in der die Intellektuellen glauben, die Geheimnisse des Lebens entschlüsseln zu können, während die Religiösen Massen-Messen oder okkulte Verblendung für Spiritualität halten, klingt Kapitel 13 des 1. Korinther-Briefes wie ein Ruf aus jener Wüste, in der Jesus mit dem Versucher rang. „Und wenn ich die Prophetengabe habe und alle Geheimnisse weiß und alle Erkenntnis besitze, und wenn ich allen Glauben habe, so dass ich Berge zu versetzen vermöchte, habe aber die Liebe nicht, so bin ich nichts." Paulus hatte in seiner außerkörperlichen Erfahrung erkannt, dass die Liebe die einzige Kraft war, der die Ewigkeit gehörte. Daher konnte er den Korinthern schreiben: „Nun aber bleiben Glaube, Hoffnung und Liebe, diese drei; am größten jedoch unter ihnen ist die Liebe."

Seltsam, wie wenig davon in zwei Jahrtausenden Christentum gesellschaftliche, allgemein menschliche Wirklichkeit geworden ist. Es drückt geradezu eine historische innere Logik aus, wenn Kahlil Gibran nach so vielen lieblosen Jahrhunderten seinen „Propheten" sprechen lässt: „Denn so, wie die Liebe dich krönt, kreuzigt sie

dich." Was hat die Liebe mit dem Kreuz zu tun? Bedarf es des Schmerzes, um so die „Geheimnisse des Herzens kennenzulernen und in diesem Wissen ein Teil vom Herzen des Lebens zu werden", wie der „Prophet" in seiner Rede an die Bewohner von Orphalese fortfährt?

Es bedarf nur deshalb des Schmerzes, weil der Mensch das Wesen der Liebe noch immer nicht erkannt hat. „Liebe gibt nichts als sich selbst und nimmt nichts als von sich selbst. Liebe besitzt nicht, noch lässt sie sich besitzen; denn die Liebe genügt der Liebe."

Man könnte meinen, der Christus-Geist habe seinen Segen der Poesie über den großen Dichter aus dem Libanon verströmt, als er seinen „Propheten" diese Worte sprechen ließ. So ermöglichte er es der Menschheit, wieder einen Schlüssel zur Wiederverzauberung der Liebe in die Hände zu bekommen.

„Wieder-Verzauberung" heißt, dass der Zauber einst schon wirksam war. Wie mag es gewesen sein, mit dem Buddha unter der sengenden Sonne Indiens zu wandern oder mit Jesus am See Genezareth zu sitzen? Wirkte damals der Zauber der Liebe? Von den Gopis, die in Liebe zu Krishna entbrannt waren, wissen wir es. Ihre Liebe durfte sich zeigen, durfte ihr zauberhaftes Spiel entfalten.

Wer hat den Zauber zerstört?

Die Feinde der Liebe tragen zwei Namen, machtvolle Namen – Sünde und Moral. Sie sind die beiden Balken, auf denen die Liebe gekreuzigt wird. Durch die Sünde, die Absonderung, wird den zu „Sündern" Erklärten die Sicht auf die göttliche Quelle der Liebe verstellt; und durch die Moral wird die Liebe im Inneren der Herzen so

geknebelt, dass sie ihre Schwingen nicht entfalten kann, um sich in die ewigen Sonnenreiche des LICHTES emporzuschwingen.

Wer wahrhaft lieben will, muss zuerst einen wahrhaft revolutionären Akt der Selbstbefreiung vollziehen. Er muss die Liebe von der Sünde und der gesellschaftlichen Moral erlösen.

Nur eine erlöste, befreite Liebe ist in der Lage, sich erneut verzaubern zu lassen.

„Jeder Mensch, dem wir näher begegnen, wird für uns zum Schicksal – und wir werden für ihn zum Schicksal“, erkannte Bert Hellinger, der tief schauende Begründer des „Familien-Stellens“. Wenn wir einmal das Schick-sal wirklich als zum „Heil“ (salus) gesandt deuten wollen, dann liegt im Geheimnis der Begegnung der Schlüssel zum Heil, zum geistigen und körperlichen Gesunden. Was ist das Heilende in einer Begegnung? Ist es nicht die Erfahrung einer Offenbarung des Göttlichen, die das eigene Ich transzendiert und in dieser Transzendierung erweitert?

Ist die „Wiederverzauberung der Liebe“ nicht in Wirklichkeit die Erfahrung des „Zaubers des Göttlichen“, des Göttlichen im Du, des Göttlichen im Anderen?

Warum haben die Menschen die Fähigkeit verloren, sich von diesem „Zauber“ berühren, sich von ihm verwandeln zu lassen? Vielleicht weil sie vergessen haben, dass es den „Zauber“ des Du, des Anderen gibt?

Wenn dies der Fall wäre, was sollten sie tun? Vielleicht grundsätzlich aufhören, das Du, den Anderen verändern zu wollen und sich stattdessen auf die Suche nach seinem „Geheimnis“ zu begeben?

Es gibt keinen Mann und keine Frau ohne ein – göttliches – Geheimnis. Doch es gibt möglicherweise schicksalhafte Verbindungen, in denen die Beteiligten die Schlüssel zum Geheimnis des Anderen verloren haben. Dann bedarf es vielleicht Dritter oder Vierter, um erneut eine „Verzauberung durch die Liebe“ herbeizuführen. Wenn dann die Beteiligten nicht den Fehler begehen, den „Zauber“ besitzen zu wollen, kann die Liebe wieder ihren göttlichen Thron besteigen, beschützt von den Engeln der Freiheit.

Was geschieht durch die „Wiederverzauberung der Liebe“?

Die Liebenden treten ein ins „Geheimnis“.

Die Liebenden begegnen „Gott im Geliebten“; sie begegnen IHM auf eine Art und Weise, wie sie nur durch den Anderen erlebt und erliebt werden kann.

Sie nähern sich dem allerhöchsten Quell der Liebe, weil sie nur durch die Liebe zu einem Du über sich selbst hinauswachsen können.

Sie sinken voller Anbetung auf die Knie, weil sie in der Liebe die Unendlichkeit, die Ewigkeit, die uneinholbare Andersheit des EINEN GELIEBTEN erkennen. Doch wie könnte Gott anders geliebt werden – als durch den Anderen?

Mag die Liebe für den Geliebten in Wahrheit auch die Liebe zu Gott sein; so wird Gott diese Liebe dennoch segnen, weil er in jedem Geliebten, in jeder Geliebten verborgen anwesend ist.

Weil aber Gott niemals zum „Besitz“ des Menschen werden kann, darf auch der geliebte Andere, das geliebte Du, niemals zum Besitz erklärt werden. Geschieht es, entzieht sich die LIEBE in ihm.

Wie geschieht die „Wiederverzauberung der Liebe"?

Den Liebenden bleibt die Berührung durch den Körper und die Berührung durch das Wort. Ist das eine tiefer als das andere?

Das Wort kann sich in die Seele des Geliebten einhauchen, die zärtliche Berührung in seinen Körper eintauchen. Ein Wort kann im Innersten berühren, eine Berührung im Äußeren eine Botschaft überbringen. In der Wiederverzauberung der Liebe werden Inneres und Äußeres eins – Körper, Seele und Geist verschmelzen.

Der Körper ist der Tempel des lebendigen Gottes, nur der Würdige darf ihn betreten – barfuss, gesenkten Blickes und mit zitternden Händen.

Die Weisen des Ostens erkannten in ihrer verzückten Schau die Einheit von Shiva und Shakti, von männlichem und weiblichem Prinzip. Mögen sich auch die Formen an den fernen Gestaden göttlicher Liebe verwandeln – das Mysterium der Begegnung von Ich und Du wird bestehen bleiben.

Der Zauber wird niemals vergehen!

Die rote Tara

Unergründlich das Verschleierte und das Unverschleierte
Nahend und unnahbar zugleich.
Unentschlüsselbar das Verborgene und das Offenbare
Berührend und verfließend zugleich.
Unverwechselbar das Verletzende und das Verzaubernde.
Liebend und verstoßend zugleich.

Flammengekrönt
Die rote Tara
Betörender Duft aufgeblühter Lotosknospen
Zärtlich lockend das diamantene Zepter
Den Hüter der Nacht.

Was verbliebe vom Mysterium
Wäre es entschlüsselbar.

Doch eines bleibt gewiss –
Die Schönheit verkörpert sich in der Welt
Durch das Weibliche.

Seidengewässer

Zeitlos das Felsmassiv
Vergänglich die Steinburgen
Blickschutz gegen das allzu
Menschliche.

Gesteinshüter
Trennungssteine
Sich spiegelnd im uralten See.

Schwarze Schleier
Neugierige Blicke
Verhülltes und Entblößtes –
Und der See schweigt weiter.

Farbig die Boote
Die Herzen pulsierend im Gleichklang
der Tritte
Die Seelen im Einklang und wortlos die
Bitte,
Die fast schon ein Dank
Für der Liebe ewigen Klang.

Nur Hände und Lippen noch immer
gebunden
Vereint nur, als wüssten sie es besser
Im türkisen Glanz der Seidengewässer.

Von der Lust und der Liebe

Die Lust ist ein seltsames Gefühl. Sie treibt uns in die Arme des Gegenübers, um uns einmal mehr und einmal weniger einsam zu entlassen. Zumeist ist es die Lust, die uns auf ihren lodernden Flammen mitten in die Zweisamkeit lenkt. –

Aber schließlich, wenn wir die Möglichkeit der tiefen Vereinigung in uns spüren und mit ihr unseren Tanz beginnen, dann vermählen sich tatsächlich für Momente Seelen. Zwei beginnen ihren Flug gemeinsam hin zu einer tiefen Achtsamkeit, die den anderen so sehr im Herzen trägt. Tiefe Berührung und stille Vertrautheit wachsen Seite an Seite, als wäre das Leben dafür geschaffen, in diesen Zeiten die eigene Einsamkeit zu vergessen und so selbstlos *dem Anderen* Raum zu gewähren.

Ach – Liebe muss lodern, sich in jedem Moment neu erküren und ihre Flammen in die Welt tragen, wo sie für die Achtung und Freiheit zu brennen vermag.

Das Ich und der Andere

Eine Meditation zu Emmanuel Levinas

„Das Göttliche erfahren wir nur durch das ethische Verhältnis zum Anderen."
Das Schlüsselwort in diesem Satz von Levinas ist das „durch". Es wirft die Frage auf, ob wir das Göttliche nur durch – im Sinne des Durch-Scheinens – den Anderen erleben können, wofür das ethische Verhalten entscheidend ist; oder ob das ethische Verhalten dem Anderen gegenüber der Schlüssel zur Begegnung mit einem Göttlichen ist, das völlig unabhängig vom Anderen ist. Der Andere ist gewissermaßen nur „Mittel zum Zweck".

Levinas sah den Anderen immer als „jenseits", als „ab-solut" (wörtlich ab-getrennt) transzendent. Für ihn erfüllte sich die Liebe nicht in einer Symbiose, sondern in der ewigen Getrenntheit. Dies galt natürlich im höchsten Sinne für das „ganz Andere", das Göttliche. Wir können Gott nie umfassen.

Hier spricht Levinas wie der Theosoph, der lehrt: „Ins Licht gehst du ein, die Flamme wirst du nie berühren!" Wir können, so Levinas, Gott nie erblicken, wir können nur „seiner Spur folgen". Gott bleibt für ihn eine „Jenheit", die auch sprachlich den unüberbrückbaren Abgrund ausdrücken soll. Trotzdem bleibt Gott nicht fern, er erfüllt jene, die seiner „Spur" folgen, mit seiner Liebe; doch je mehr Liebe sie empfangen, desto größer wird die Sehnsucht. Hier kommt unweigerlich die Erinnerung an Sokrates auf, der als der weiseste Philosoph der Antike sprach: „Ich weiß, dass ich

nichts weiß." Levinas könnte gesagt haben: „Ich liebe, aber der Gegenstand meiner Liebe entzieht sich mir, indem er sich mir schenkt."

Vielleicht kannte Levinas durch Buber die Werke Rilkes, dessen „Wächter der Einsamkeit" eine wundervolle poetische Umschreibung dessen ist, was er das „Jenseits des Anderen" nannte. Wenn Levinas von Religion als einem Verhältnis zwischen zweien sprach, das nicht zu einer Totalität geschlossen werden kann, so gilt dies auch für die Liebe: In der tiefsten Berührung, der innigsten Einheit, erfährt sich jeder zugleich als ab-solut getrennt. Es gibt Berichte von mystischen Erfahrungen, in denen sich die Liebenden in einer feinstofflichen Welt küssten und in dieser Berührung beide ihr Bewusstsein in eine kosmische Sphäre ausweiteten, deren Mittelpunkt sie jeweils selbst waren, ohne aber die Berührung mit dem Geliebten dabei zu verlieren. Vielleicht kann der Einzelne sich überhaupt nur durch diese liebende Berührung selbst finden. Lehrt nicht die Erfahrung, dass der Schmerz in der Liebe viel tiefgreifender ist als ihre scheinbare Erfüllung? Aber wäre andererseits der Schmerz und seine Selbstfindungskraft möglich ohne diese vorherige Erfüllung?

Ist nicht die Begegnung mit dem oder der Geliebten, das Sich-Verschenken oder Beschenkt-Werden, wenn es sich in völliger Freiheit und ab-soluter (ab-getrennter) Hingabe ereignet, die höchst mögliche Erfahrung des Göttlichen im Körper? Sie ist unzweifelhaft vergänglich, aber dennoch nicht unwirklich. Sie ist Maya, um mit der Weisheit des Ostens zu sprechen, aber letztlich ist alles, außer Gott, Maya. Daher wussten die Weisesten unter den großen Nachfolgern Buddhas, dass in letzter Konsequenz Samsara und Nirvana eins sind.

Liegt hier vielleicht die Antwort auf das geheimnisvolle Wort Jesu: „Ich und der Vater sind eins." Er sprach es, obwohl er wusste: „Der Vater ist größer als ich."

Es scheint das größte Paradoxon der Mystiker zu sein, dass sie die Einheit mit dem Göttlichen erfahren, das sich ihnen in der Erfahrung doch zugleich wieder entzieht – vor allem, wenn sie versuchen, es in Worten einzufangen. Und doch wussten sie, wovon sie sprachen!

Al Halladj hätte sich nicht töten lassen für seine Worte: „Ich bin die Wahrheit!" – wäre er nicht bis in seine letzte Zelle davon durchdrungen gewesen.

Doch keiner von ihnen hätte sich zum Schöpfer aller Welten erhoben. Man kann durchdrungen werden vom Göttlichen, aber man kann niemals eins mit ihm werden, weil „man nicht eins mit einem schnell fließenden Fluss werden kann", wie es Krishnamurti nach einer Erleuchtungserfahrung ausdrückte.

„Wie oben – so unten; wie unten – so oben", lehrte Hernes Trismegistos. Ist daher die menschliche Liebe nicht eine Widerspiegelung jenes großen Mysteriums zwischen dem Ich und dem Göttlichen? Der Andere, als der oder die Geliebte, offenbart nicht nur das Göttliche, indem er selbst eine einzigartige Verkörperung einer göttlichen Idee ist, sondern er erhellt auch das Geheimnis von Einheit und Getrenntheit.

Wenn der oder die Liebende sagt: „Wir sind eins." – so sprechen sie die Wahrheit. Wenn sie sich anblicken, nachdem sie in Liebe vereint waren, legen sie Zeugnis ab für die Unwahrheit ihrer Worte.

Das Göttliche entzieht sich uns, auch und gerade, wenn es uns ganz erfüllt hat. Gleiches gilt für den Geliebten und die Geliebte. Liebe schenkt uns das höchste Glück und die vollkommene Erfüllung – und den scheinbar unheilbaren Schmerz. Einen Schmerz, der einmündet in eine unendliche Sehnsucht. Und ist es nicht allein diese Sehnsucht, die uns leben lässt und uns erst wahrhaft zu Menschen macht?

Liebe

Verschlossene Himmelstore
Vom Allerhöchsten geboten

Liebt – ohne zu halten
Liebt – ohne zu besitzen
Liebt – ohne zu vergleichen
Liebt – ohne euch zu verlieren

Unschaubar der Engel Antlitz
Jenen, die nicht lernten,
Mehr als einen Menschen zu lieben.

Jeder Mensch, der im Herzen einem
Geliebten
Wärme und Wohnstatt bereitete,
Ebnete den Weg vor das Angesicht
Gottes.

Verschenkte Liebe
Gebiert die Regenbogenbrücke des
Herzens –
Die allein
Als Pfad der Liebenden
In die Seligkeit des Himmelreiches
führt.

Liebkosung

Einer Welt, in der die Liebe ihren Zauber verloren hat, fehlt es auch an der Kunst der Berührung. Hände können Durchlassgefäße für ein heilendes, heiliges, himmlisches Licht sein – Werkzeuge des Segnens. Jesus legte seine Hände auf, und Blinde wurden sehend. Welcher Tiefsinn! Die Liebe öffnet die Augen selbst der gänzlich Blinden.

Im Chassidismus, der mystischen Tradition des Judentums, lehrten und lebten die großen Rabbis und Zaddiks diese wundervolle Form der Liebe. Auch Emmanuel Levinas stand in der Gestalt des geheimnisumwitterten Schuschani mit jener tiefen Tradition in Verbindung. Da mag es nicht ungebührlich sein, von seinem berührenden Abschnitt „Der Eros" in „Die Zeit und der Andere" eine Linie zu jenem Meister des Ostjudentums zu ziehen.

Levinas schreibt: „Die Liebkosung ist eine Seinsweise des Subjekts, in der das Subjekt in der Berührung mit einem anderen über die Berührung hinausgeht. Soweit die Berührung Empfindung ist, hat sie Teil an der Welt des Lichtes. Aber das, was liebkost wird, wird, im eigentlichen Sinne, nicht berührt." In dem ganzen Werk findet sich nur einmal die Formulierung von der „Teilhabe an der Welt des Lichtes". Sie wird möglich durch die Reinheit und Unschuld der liebevollen Berührung, die, wenn sie wahrhaftig ist, sich absichtslos sowie ohne Plan und Ziel ereignet. Deshalb kann Levinas die Liebkosung auch die „Erwartung der reinen Zukunft" nennen. Es fällt durch die Liebkosung, man ist bei der Berührung durch den Klang geneigt, von der Lieb-Kosmung zu sprechen, ein Lichtstrahl aus der Ewigkeit in die Zeit. Wenn die Fingerspitzen sich voller Zärtlichkeit dem Anderen annähern, erhalten sie die Erlaubnis, den verhüllenden Schleier der Aura zu durchstreicheln. Sie nähern sich dem Wesen des anderen Du bis zur Grenze des letzten Geheimnisses. Hinter ihr wohnt nur noch das unberührbare göttliche LICHT.

In der Liebkosung nähert sich das Göttliche im Ich dem Göttlichen im Du bis zu seiner innersten Schwelle. Es mag den vom Körper befreiten Geistseelen gegeben sein, noch innigere Vereinigungen zu erleben, den Verkörperten steht keine lichtere Pforte offen.

Jede Pore, jedes Härchen, jeder Schweißtropfen strahlt, vibriert und schimmert im Glanz der Anderwelt. Die Liebkosung verbindet Menschen und Energiefelder. Sie übersteigt die Materie, transformiert und erhebt sie. In der Liebkosung findet die Wiederverzauberung der Liebe ihre menschlich-körperliche Vollendung. Die Hände verwandeln sich zu Botschaftern des Lichtes. Sie werden in ihrer vollkommenen Hingabe an das Du, an den Anderen, gleichsam selbst zu LICHT. So erlösen sie alles, was aus der Schattenwelt entspross – Krankheit, Hässlichkeit, Eifersucht oder Begierde – und in der letzten Vollendung selbst die Gott-Ferne. Liebe ist das Panazeum, das universelle Heilmittel, Liebkosung ihre Verabreichung.

In der Liebkosung führt die All-Liebe die Hände, lässt Berührenden und Berührten die Schönheit einer höheren Wirklichkeit erleben.

In der Liebkosung ist der All-Geist dem Menschen so nahe, dass er seine Gefallenheit überwinden kann – und wieder seine Heimat im LICHT zu erspüren und zu erschauen vermag.

Zu den Bildern von IVOI

Informationsmaterial und Motivübersicht (ca. 200 Motive) sind erhältlich bei:

IVOI · Postfach 1731 · D-55507 Bad Kreuznach

Tel: +49 (0)671 45 935 · Fax: +49 (0)671 30 902 · www.ivoi.de